KB054857

재생 에너지란 무엇인가?

LES ÈNERGIES RENOUVELABLES ONT-ELLES
UN AVENIR?
by Paul Mathis

Copyright © Le Pommier 2004

All rights reserved.

Korean Translation Copyright © Minumin 2006, 2021

Korean translation edition is published by arrangement with
Humensis through The Agency.

이 책의 한국어판 저작권은 The Agency를 통해 Humensis와
독점 계약한 ㈜민음인에 있습니다.
저작권법에 의해 한국 내에서 보호를 받는 저작물이므로 무단 전재와 무단 복제를 금합니다.

민음 바칼로레아 022

재생 에너지란
무엇인가?

폴 마티스 ∣ 이필렬 감수 ∣ 이수지 옮김

민음in

● 일러두기

1 본문 가장자리에 있는 사과 🍎 는 이 책을 통해 반드시 이해해야 하는
   핵심 개념을 표시한 것입니다.
2 본문 아래쪽의 주는 독자들이 본문 내용을 쉽게 이해할 수 있도록 한국어판에 특별히 붙인 것입니다.
3 인명 및 지명 표기는 한글 맞춤법 통일안 및 외래어 표기 규정을 따랐습니다.
4 본문에 사용한 부호 및 기호의 뜻은 다음과 같습니다.
   ― 전집, 단행본: 『 』
   ― 신문, 잡지: 《 》
   ― 개별 작품, 논문, 기사: 「 」

차례

질문 : 재생 에너지란 무엇인가?

인류 역사와 더불어 에너지 수요는 점점 늘어나고 있다. 최근에는 에너지 경제라는 말이 생겨날 정도로 에너지는 경제와 밀접한 관련을 갖기에 이르렀으며, 에너지의 매장량이나 보유 정도에 따라 그 나라의 국력을 가늠하기도 한다.

인간은 생활에 필요한 대부분의 에너지를 값이 싸고 사용이 편리한 화석 연료에서 얻는다. 화석 연료란 지질 시대에 살던 동식물의 유해가 땅 속에 파묻혀 화석같이 굳어진 것으로 석탄, 석유, 천연 가스 등이 있다.

석탄은 18세기 산업 혁명을 이끄는 원동력이자 근대화의 촉진제로서 중요한 역할을 했으며, 이후 주요 에너지원으로서 각광을 받아 왔다. 그러나 석탄으로 인한 폐해 역시 적지 않았다.

석탄은 연소할 때 발생하는 이산화탄소를 비롯한 대기 오염 물질을 배출하여 지구 환경에 커다란 악영향을 끼쳤던 것이다. 게다가 석탄의 매장량이 급격히 줄어들고 있다.

석유 역시 사정이 다르지 않다. 석유는 석탄을 대체할 에너지원으로 각광받으며 지금의 눈부신 산업화를 불러왔다. 그러나 매장 지역이 한정되어 있는 데다 전 세계적으로 소비량이 급증함으로써 머지않아 고갈될 것이라는 우려를 낳고 있다.

이에 비해 메탄˚과 소량의 에탄˚이 주성분인 천연 가스˚는 대체로 원유와 함께 매장되어 있으며, 채취한 상태에서 바로 사용할 수 있고, 연소 시 대기 오염 물질이 거의 발생하지 않는 무공해 청정 연료이다. 그러나 천연 가스 역시 매장량이 한정되어 있으며 갈수록 생산량이 감소하고 있다.

● ● ●

메탄 메탄계 탄화수소 가운데 구조가 가장 간단한 물질. 무색무취의 가연성 기체로 물에 녹지 않으며 공기 속에서 불을 붙이면 파란 불꽃을 내면서 탄다.
에탄 천연 가스나 석탄 가스에 들어 있는 포화 탄화수소의 하나로 무색무취의 기체이며 성질은 메탄과 비슷하다.
천연 가스 유전 지역이나 탄광 지역 등에서 천연으로 나오는 가연성 가스. 천연 가스에는 원유의 일부가 지하에서 기화하여 생긴 유전 가스, 생물체가 분해하여 생긴 가스가 지하수에 녹은 수용성 가스, 석탄의 휘발 성분이 기화하여 된 탄전 가스 등이 있다. 최근에는 액화 천연 가스가 무공해 에너지로서 주목을 받고 있다.

이처럼 우리가 사용하고 있는 화석 연료는 두 가지 점에서 큰 문제를 안고 있다.

첫째, 화석 연료는 앞으로 100년 내에 고갈될지도 모른다. 이는 인류가 문명을 유지하기 위하여 화석 연료를 대체할 수 있는 에너지를 개발하는 것이 시급함을 의미한다.

둘째, 화석 연료가 연소할 때 발생하는 이산화탄소로 인한 지구 온난화이다. 지금 세계 곳곳에서는 지구 온난화로 인한 갖가지 재앙에 시달리고 있는데 그 주범으로 지목된 것이 온실 가스이다. 과학자들은 인류가 산업 혁명 이래 급격한 산업화를 이루는 과정에서 화석 연료의 과도한 사용과 삼림의 무분별한 파괴 등으로 온실 가스의 80퍼센트를 차지하는 이산화탄소의 양이 급증했고 이것이 지구 온난화를 불러왔다고 지적한다.

이 같은 상황에서 화석 연료를 대체할 수 있는 확실한 에너지원으로 떠오른 것이 원자력 에너지이다. 수력과 화력에 이어 제3의 에너지원으로 떠오른 원자력은 온실 가스를 배출하지 않고 대규모 에너지 수요에도 대처할 수 있는 에너지로 주목을 받았다. 그러나 원자력 에너지 역시 단점은 있다. 원자력 발전의 열원 물질인 우라늄의 매장량이 한정되어 있고, 수요에 비해 공급이 턱없이 부족하며, 방사성 폐기물을 만들어 내는 골칫거리인 것이다.

에너지 문제와 관련하여 우리가 가장 먼저 해야 할 일은 절약이다. 에너지의 효율성을 개선하고 낭비를 막음으로써 에너지의 유한한 생명을 최대한 늘리는 것이다. 그러나 이것은 화석(또는 원자력) 연료의 고갈 시점을 조금 연장할 수 있을 뿐 확실한 대안이라고 할 수는 없다.

그렇다면 화석 연료의 수명을 연장하면서 이 연료가 갖고 있는 문제점을 해결할 열쇠를 찾아야 한다. 그 열쇠는 무엇일까? 바로 태양열, 수력, 풍력, 지열 등과 같이 자연계에 존재하는 **재생 에너지**(재생 가능 에너지라고도 한다.)이다. 이 에너지는 공해가 거의 발생하지 않고 앞으로 몇 세기 동안 고갈될 염려가 없다는 점 때문에 지속 가능한 발전을 위한 정책에 포함될 수 있다. 이러한 장점들은 위에서 열거한 화석 연료의 문제점들을 어느 정도 보완해 주는 역할을 한다.

재생 에너지에는 비교적 최근에 발견된 것들이 있는가 하면, 수천 년 전부터 사용해 온 것들도 있다. 이 에너지들은 어떤 장점이 있으며 보완해야 할 점은 무엇일까? 각국의 미래 에너지 정책에서 이 에너지들이 차지하는 위치는 어느 정도일까? 이 책에서는 이런 의문점들을 풀기 위해 먼저 에너지란 무엇이고 어떤 것들이 있는지를 살펴볼 것이다.

1

에너지란 무엇이며, 어디에 쓰일까?

에너지란 무엇인가?

에너지란 물체를 움직이거나 일을 할 수 있는 힘을 말한다. 이러한 에너지는 여러 가지 형태로 존재하며, 그 형태에 따라 운동 에너지, 위치 에너지, 열 에너지, 화학 에너지, 전기 에너지 등으로 불린다.

에너지는 일반적으로 일의 단위인 **줄**˚로 표시하는데, 1줄은 1뉴턴˚의 힘으로 물체를 1미터 이동하는 데 필요한 힘을 말한다. **열 에너지**의 단위는 **칼로리**˚로 물 1그램을 섭씨 1도 높

· · · ·

줄 기호는 J이다. 1줄은 약 1000만 에르그(erg, 질량 1g인 물체에 1cm/s² 가속도를 줄 수 있는 힘으로 1cm 움직였을 때 한 일의 양)에 해당한다. 영국의 물리학자 줄(1818~1889)의 이름에서 유래했다.

이는 데 필요한 열량을 말한다. 물리학자들은 이 열 에너지 또는 열량 에너지와 **역학적 에너지**(운동 에너지 또는 위치 에너지)의 값이 같다는 것을 실험을 통해 증명했다. 또 다른 중요한 에너지는 **전기 에너지**이다. 단위는 와트°이며, 단위 시간당, 즉 1초당 생산되거나 사용된 에너지를 나타낸다. 곧 1와트는 1초에 1줄의 일을 하는 것이다.

대형 발전소의 경우 전력은 킬로와트° 또는 메가와트°로 표시하고, 에너지는 킬로와트시, 즉 1시간 동안 생산되거나 사용된 전력량으로 나타낸다. 석유의 에너지 단위는 **석유환산톤**°으로, 1석유환산톤은 1톤의 석유를 연소할 때 발생하는 에너지를 가리킨다.

● ● ● ●

뉴턴 1뉴턴은 1킬로그램의 물체에 작용하여 매초마다 1미터의 가속도를 만드는 힘으로 기호는 N이다.

칼로리 기호는 cal이다.

와트 기호는 W이며, 증기 기관을 개량하는 데 성공한 제임스 와트(1736~1819)의 이름에서 따 왔다. $1W = 1J/s = 1N \cdot m/s$

킬로와트 $1kW = 1000W$

메가와트 $1MW = 1000kW$

석유환산톤 석유의 단위는 배럴, 석탄의 단위는 톤, 천연 가스의 단위는 입방미터 등으로 각 에너지원의 단위가 다르므로 이를 합계할 때는 통일된 단위가 필요한 까닭에 사용한 개념이다. 기호는 TOE(Ton of Oil Equivalent)이다.

에너지의 특성 가운데 하나는 다른 형태로의 전환이 가능하다는 것이다. 그래서 다음과 같은 등식이 성립한다.

1칼로리 = 4.18줄

1석유환산톤 = 1만 1700킬로와트시 = 420억 줄

1킬로와트시 = 360만 줄

에너지는 어디에 쓰일까?

에너지는 눈에 보이지도 않고 무게도 없으며 냄새도 나지 않는다. 맛도 느껴지지 않음은 물론이다. 에너지를 보다 잘 이해하기 위해서는 이들 에너지가 어떻게 이용되는지 구체적으로 살펴볼 필요가 있다.

먼저 가열할 때 에너지가 필요하다. 집 안을 따뜻하게 할 때, 음식을 익힐 때, 금속의 형태를 변형시키기 위해 고온을 가할 때 에너지는 꼭 필요한 존재이다. 가열에 필요한 에너지는 태양 복사열,˙ 천연 가스, 땔나무, 전기 등에서 얻는다. 즉 열에너지를 얻는 방법에는 여러 가지가 있다는 말이다.

둘째, 전동기를 작동시킬 때 에너지가 필요하다. 전동기의

쓰임새는 매우 다양하다. 각종 산업 기계와 가전 제품은 물론이고 자동차와 초고속 열차 등의 교통 수단에서도 전동기는 유용하게 쓰인다. 우리는 전동기를 작동하기 위해 전기나 석유 부산물을 이용한다. 특히 지난 300년 동안 석탄이 주요 동력원으로 이용되었다. 석탄을 연소하여 물을 가열하면 고압 수증기가 발생하고, 이 수증기가 팽창하면서 제각기 다른 장치들을 움직이게 만든다. 이 원리를 이용한 것이 바로 증기 기관이다.

셋째, 빛을 만들어 낼 때도 에너지가 필요하다. 빛은 진동하는 전하들에 의해 발생하고 **전자기파**˚의 형태로 전달되는 또 다른 형태의 에너지이다. 우리는 주로 전기를 이용해 빛을 얻지만 양초나 거리의 가스등, 벽난로에서 타는 나무도 굉장한 빛을 낸다. 그러나 이 모든 것은 빛의 원천인 태양에 비하면 미미한 수준에 지나지 않는다.

넷째, 전자 기기를 작동할 때도 에너지가 필요하다. 전자 기

● ● ● ●

복사열 열복사로서 방출된 전자기파가 물체에 흡수되어 그 물체를 뜨겁게 하는 에너지. 지구가 태양으로부터 받는 열이나 적외선 등이 여기에 속한다.
전자기파 공간에서 전기 마당과 자기 마당이 주기적으로 변화하면서 전달되는 파동. 파장이 긴 것부터 마이크로파, 가시광선, 엑스선, 감마선이라고 부른다. 1864년에 스코틀랜드의 물리학자 맥스웰이 발견하여 이론화했다.

기의 성능이 개선되면서 작동에 필요한 에너지는 줄어들고 있지만, 그 수가 놀라운 속도로 늘어나고 있기 때문에 작동하는 데 들어가는 전체 에너지량은 줄어들지 않고 있다.

마지막으로 생물의 생장에 필요한 에너지도 간과할 수 없다. 생물은 나고 자라는 과정에서 많은 에너지를 필요로 하는데, 대부분은 음식물을 통해 얻는다. 생물체의 몸 속에 들어간 음식물은 체세포˚에서 일어나는 수많은 생화학 반응에 의해 에너지의 형태로 바뀐다. 유기체˚는 이렇게 해서 얻은 에너지로 체온을 유지하고 자라고 번식한다.

우리는 다섯 가지 사례를 통해 에너지가 어떻게 이용되고 있는지를 살펴보았다. 에너지는 우리가 인식하지 못하는 사이에 일상 생활에 꼭 필요한 것으로 자리를 잡았다. 또 에너지의 형태 역시 점점 다양해지고 있다. 빛 에너지에서 열 에너지로, 화학 에너지에서 기계적 에너지로, 원자력 에너지에서 열 에너지로, 기계적 에너지에서 전자 에너지로 바뀌는 등 끊임없이 상호 전환하고 있는 것이다.

● ● ●

체세포 생물체를 구성하고 있는 세포 중 생식 세포를 제외한 모든 세포.
유기체 생물처럼 물질이 유기적으로 구성되어 생활 기능을 가지게 된 조직체.

에너지도 재생이 될까?

물리학의 기본 법칙인 열역학 제1법칙은, 에너지는 다른 형태의 에너지로 바뀔 수는 있어도 스스로 생성되거나 소멸되지 않는다는 에너지 보존 법칙을 뜻한다. 그러므로 '재생 가능한' 에너지를 말하는 것은 모순이다. 에너지는 스스로 보존되는데 재생할 필요가 있을까? 우리는 이 말을 어떤 형태의 에너지가 다른 형태의 에너지로 바뀌더라도 원래 상태를 거의 그대로 유지한다는 의미로 받아들이면 될 것이다.

그러나 에너지는 열로 100퍼센트 전환될 수 있지만 그 반대의 경우는 성립하지 않는다. 열은 일반적으로 25~40퍼센트만이 다른 형태의 에너지로 전환되기 때문이다.

예를 들어 어떤 자동차가 시속 90킬로미터로 달린다고 하자. 이때 기계적 에너지, 즉 운동 에너지가 발생한다. 이 자동차를 멈추기 위해 브레이크를 밟으면 기계적 에너지는 0이 되고 완전히 열로 바뀐다. 그러나 그 반대 현상은 일어나지 않는다. 브레이크나 타이어 등에서 발생하는 열을 자동차를 다시 출발시키기 위해 사용할 수는 없다.

따라서 우리는 사용자의 관점에서 재생 에너지를 말할 수밖에 없다. 재생해야 할 것은 인간이 사용할 수 있는 어떤 형태의 에너지이다. 그리고 중요한 것은 자연에서 얻을 수 있는 에너지를 최대한 인간에게 유용한 에너지로 바꾸는 것이다.

에너지는 어떤 혁명을 불러왔을까?

에너지는 인류의 발전에 크게 기여해 왔다. 인간이 불을 다스리게 된 것이야말로 인간이 일으켰던 첫 번째 혁명이었다. 이 마술 같은 '물체'가 '길들여지자' 몸을 따뜻하게 하고 음식을 익히며 도구를 만드는 등 여러 가지 일이 가능하게 되었다.

다음 단계는 짐수레를 끄는 마소들을 가축으로 길러서 인간의 작업 능력을 끌어올린 것이다. 그리고 배의 돛과 풍차의 날개로 바람의 에너지를 잡고, 물레방아로 물의 에너지를 잡는 등 물리 현상을 다스릴 줄 알게 되었다. 이들은 모두 재생 에너지를 이용하는 것이다. 그 결과 인간은 더 잘 먹고 따뜻하게 지내며 편하게 이동할 수 있게 됨으로써 생활 환경이 크게 향상되었다. 그 다음에 석탄의 사용과 증기 기관의 발명으로 발전이 가속화되었고 공장과 철도가 건설됨으로써 산업화 사회가 나타났다.

인류의 역사에서 또 다른 발전의 단계는 비교적 최근으로 거슬러 올라간다. 석유와 천연 가스를 대량으로 사용하고, 전기를 발견했으며, 한때 미래의 에너지로 불린 원자력 에너지를 이용하기 시작한 것이다. 여기에 전자 공학의 등장으로 반도체, 정보 통신, 컴퓨터 등의 분야가 눈부시게 발전했다.

대략적으로 살펴본 에너지 발달사를 통해 우리는 사회의 발전과 다양한 에너지의 사용이 얼마나 밀접하게 관련되어 있는가를 알 수 있었다.

2000년도 전 세계의 에너지 소비량은 1950년에 비해 세 배가 증가했고, 2050년까지 두 배가 더 증가할 것으로 예상된다. 그러나 문제는 에너지가 전 세계적으로 고르게 소비되는 것이 아니라는 사실이다. 미국인 한 명이 인도인 한 명보다 무려 열여섯 배 이상의 에너지를 소비한다. 반면 16억 인구는 아직도 전기의 혜택조차 받지 못하고 있는 실정이다. 이러한 불균형 상태가 오래 지속되다 보면 결국 에너지를 둘러싼 격렬한 싸움이 벌어질 것이다. 그 같은 사실을 예견이라도 하듯 이미 세계 곳곳에서 에너지원을 둘러싼 심각한 분쟁이 일어나기 시작했다.

2

화석 연료는
왜 심판대에 올랐을까?

화석 연료는 어떻게 생겨났을까?

현재 전 세계 인류가 소비하는 에너지의 82퍼센트는 석탄, 석유, 천연 가스 등의 화석 연료이다. 이렇듯 우리 생활과 밀접하게 관련되어 있는 화석 연료란 어떤 것일까? 먼저 용어에 대해 살펴보자.

화석은 지질 시대˙에 살던 동식물의 유해와 활동 흔적 따위가 퇴적물에 매몰된 채로 또는 지상에 그대로 보존되어 남아 있

● ● ●

지질 시대 지구가 이루어진 이후부터 역사 시대 이전까지의 시대를 말한다. 지층 속에 있는 동물의 화석을 기초로 하여 시대 구분을 하며, 그 절대 연도는 방사성 동위 원소로 측정한다. 선캄브리아대, 고생대, 중생대, 신생대로 크게 나뉘며 각 대는 다시 기(紀), 세(世), 절(節)로 세분된다.

는 것을 통틀어 이르는 말이다.

화석 연료는 마치 오래된 지층 속에서 나오는 공룡이나 암모나이트 등의 화석과 비슷한 과정으로 만들어지기 때문에 이런 이름이 붙었으며, 대표적인 것으로는 석탄, 석유, 천연 가스가 있다.

연료란 연소하여 열, 빛 등의 형태로 에너지를 방출하는 물질로서 상태에 따라 고체, 액체, 기체 연료로 나뉜다. 우리는 그 에너지를 회수하여 사용한다.

화석 연료는 어떻게 생겨났을까? 지금으로부터 약 3억 년 전 석탄기˚의 지구는 현재보다 기온이 높았으며 대기 중에는 이산화탄소가 훨씬 풍부했다. 그래서 태양 에너지를 이용한 식물의 **광합성**˚ 작용이 매우 활발했다. 고사리 등 양치류 식물이 번성했고 이것들의 잔해가 대량으로 축적되어 땅 속에 묻혀서

● ● ●

석탄기 지질학적으로 지금으로부터 약 3억 6000만 년 전부터 2억 8600만 년 전까지의 시기를 말한다. 고생대 데본기와 페름기의 중간에 있었던 지질 시대의 하나로 거대한 양치 식물이 많았고 파충류와 곤충류가 나타났다. 석탄기라는 명칭은 영국에서 데본기의 구적색사암층과 페름기의 신적색사암층 사이 지층에서 석탄층이 발견된 데서 유래했다.
광합성 녹색 식물이 빛 에너지를 이용하여 이산화탄소와 물로 유기물을 합성하는 과정을 말한다.

서서히 석탄으로 변해 갔다.

석유의 생성에 대해서는 여러 가지 학설[*]이 있다. 그중 가장 유력하게 받아들여지는 것은 바다나 호수 등에 살던 미생물 혹은 주로 유공충에 해당하는 작은 생물들이 죽은 퇴적물이 압력과 지열, 촉매의 작용으로 석유가 생성되었다는 학설이다. 천연 가스는 석유와 화학적 구성이 다른 에너지원으로 석유와 함께 매장되어 있는 경우가 많다.

석탄, 석유, 천연 가스는 오늘날 특정 지역의 지하에 대규모로 묻혀 있기 때문에 찾기가 그리 어렵지 않다. 이것이 이 연료의 첫 번째 장점이다. 물론 광맥을 찾기 위해서는 장시간 탐사를 해야 하고 찾아낸 이후에는 필요한 물질을 추출하고 운송하기 위해 많은 돈과 시간을 들여야 한다. 하지만 풍부하고 값이 싸기 때문에 채산성 등을 고려하여 충분히 투자할 만한 가치가

● ● ● ●

석유 생성설 석유의 생성에 대해서는 무기 기원설과 유기 기원설 등 여러 가지 학설이 있다. 무기 기원설은 지구 내부에 풍부하게 존재하고 있는 금속 화합물이 물과 반응하여 탄화수소로 변화했다는 설이다. 유기 기원설은 수생 동식물의 유해가 물 밑바닥에 가라앉아 썩어서 된 것이라는 설이다. 그런데 오늘날 석유가 발견되는 곳이 과거에 얕은 바다나 호수 밑의 퇴적암이었고, 석유 성분 속에 함유되어 있는 질소, 황 등의 불순물은 유기물인 단백질이 분해할 때 발생하는 것이다. 이런 점으로 미루어 볼 때 유기 기원설이 더 큰 설득력을 얻고 있다.

있다.

화석 연료의 두 번째 장점은 저장과 운송, 사용이 쉬운 농축 형태의 에너지라는 점이다. 가장 좋은 예가 석유와 그 부산물들, 즉 디젤과 휘발유 등이다. 연료통을 가득 채우면 자동차나 트랙터의 전동기를 여러 시간 동안 움직이게 할 수 있다. 이처럼 화석 연료는 정말 장점이 많은 에너지원이 아닐 수 없다.

그렇다면 어디에 문제가 있을까?

지난 수 세기 동안 화석 연료의 사용에는 아무 문제가 없었다. 생산량에 비해 소비량이 많지 않았기 때문에 마음대로 사용할 수 있었다. 게다가 화석 연료의 채굴도 손쉽게 이루어졌다. 그러다 보니 화석 연료는 오래지 않아 자원이 고갈될지도 모른다는 우려와 이산화탄소의 배출로 인한 온실 효과°라는 반갑지 않은 문제에 봉착하게 되었다.

앞에서 이미 지적했듯이 석탄, 석유, 천연 가스의 유한성은

● ● ●

온실 효과 대기 중의 수증기, 이산화탄소, 오존 등이 지표에서 우주 공간으로 향하는 적외선 복사를 대부분 흡수하여 지표의 온도를 비교적 높게 유지하는 작용이다. 빛은 받아들이고 열은 내보내지 않는 온실과 같은 작용을 한다는 데서 유래한 말이다. 이에 대해서 더 자세히 알고 싶은 사람은 『기후가 정말로 미친 걸까?』를 참조하라.

화석 연료는 매장량의 고갈과 이산화탄소로 인한
기상 이변 등과 같은 커다란 문제를 안고 있다.

화석 연료에 크게 의존하고 있는 우리의 삶에 큰 변화를 가져올 것이다. 온실 효과로 인한 기상 이변은 이미 우리의 삶에 영향을 끼치고 있다. 먼저 지구 온난화는 해수면을 상승시켜 육지 면적을 줄어들게 하고 있다. 이것은 산업 부지와 경작지 등의 감소를 의미하며, 경제적 손실과 식량 문제를 불러온다. 바닷물의 온도 변화로 인한 엘니뇨˚도 이미 우리 주변에서 쉽게 발견할 수 있는 기상 이변의 한 예이다.

화석 연료는 얼마나 더 사용할 수 있을까?

우리는 지금 매우 빠른 속도로 화석 연료를 소비하고 있다. 오른쪽 표를 보면 상황이 어느 정도인지 이해할 수 있을 것이다. 각 연료의 가채 매장량을 연간 소비량으로 나누면 지금과 같은 속도로 얼마나 더 채굴할 수 있는지가 나온다. 그 이후에

• • • •

엘니뇨 해양학과 기후학에서, 남아메리카 서해안을 따라 흐르는 페루 해류 속에 몇 년에 한 번 이상 난류가 흘러드는 현상을 가리킨다. 에콰도르에서 칠레에 이르는 지역의 농업과 어업에 피해를 주고, 태평양의 적도 지방과 때로는 아시아와 북아메리카에도 광범위한 기상 이변을 일으킨다.

화석 연료의 전 세계 소비량과 매장량 (1999년)

	가채 매장량 (단위 : 100만 석유환산톤)	연간 생산량 (단위 : 100만 석유환산톤)	수명 (단위 : 년)
석탄	498,000	2,137	233
석유	141,000	3,190	44
천연 가스	130,000	2,145	61

는 아무것도 남아 있지 않을 것이다.

하지만 이것은 상황을 단순하게 정의할 때 그렇다. 매장된 화석 연료가 계속해서 새로 발견되고 있고 점착성이 강한 석유나 사용 가능한 광맥들이 땅 속 깊숙이 다량으로 묻혀 있다. 이는 기술적 문제를 해결하고 더 비싼 채굴 비용을 들이면 얼마든지 자원으로 활용이 가능하다. 문제는 화석 연료의 연간 소비 속도가 계속해서 증가하고 있으며, 위의 표는 예상 수치에 지나지 않는다는 사실이다. 즉 석유는 2040년경에, 천연 가스는 2070년경에, 석탄은 2170년경에 고갈될 것이다. 그리 멀지 않았다. 이대로라면 우리 중 어떤 사람들은 죽기 전에 그 상황에 직면하게 될 것이다.

석탄은 다른 자원에 비해 매장량이 풍부하다. 그러나 석유와 천연 가스의 부족을 메우기 위해 더 많이 채굴한다면 머지

않아 석탄 역시 고갈이라는 문제에 직면할 것이며, 석탄의 과도한 사용에 따른 온실 효과도 간과할 수 없는 문제로 대두할 것이다.

화석 연료는 재생이 가능하지 않다. 그 이유는 채굴 속도가 생성 속도를 못 따라가기 때문이다. 그 규모를 가늠하기 위해 간단한 계산을 해 보자.

$$(200년 \div 1억\ 년) \times 100퍼센트 = 0.0002퍼센트$$

우리는 대략 200년 내에 식물이 1억 년에 걸쳐 만들어 놓은 결과물을 다 소비해 버릴 것이다. 오늘날 화석 연료의 생성 속도가 석탄기만큼 빠르다고 가정해야 우리는 소비량의 0.0002퍼센트를 새로 가질 수 있는 셈이다. 소비량을 따라잡기에는 매장량이 턱없이 부족하다. 게다가 현재의 광합성이 석탄기에 비해 원활하지 못하기 때문에 이것은 그나마 실현 불가능하다.

화석 연료의 사용은 왜 문제가 될까?

화석 연료의 사용은 탄산가스라고 불리는 이산화탄소를 만들어 낸다. 석탄을 연소하면 다음과 같은 반응이 일어난다.

$$C+O_2 \Rightarrow CO_2$$

이산화탄소가 대기 중에 방출되어 축적되고 소멸하는 데 100여 년이 걸린다. 인간이 화석 연료를 사용하기 전에 이산화탄소는 이미 지구 대기 중에 0.028퍼센트 정도가 존재했으며, 이후 점점 증가하여 지금은 0.037퍼센트에 이르렀고, 2050년에는 0.074퍼센트에 이를 것으로 예상한다.

대기 중에 존재하는 이산화탄소는 온실 효과, 즉 빛은 받아들이고 열은 내보내지 않는 온실처럼 작용하여 지표면의 온도를 높인다. 태양빛은 흡수되는데 지구의 적외선° 복사열은 대기권을 빠져나가지 못하는 것이다. 이 같은 대기 중 이산화탄소의 증가가 어떤 결과를 불러올지는 여전히 정확하게 예측하기가 어렵다. 과학자들은 해수면의 상승과 더불어 기온의 상승은 피할 수 없는 현상이며, 그것들이 가져올 결과는 대단히 위협적일 것이라는 데 의견을 같이한다.

● ● ● ●

적외선 파장이 가시광선보다 길며 극초단파보다 짧은 750마이크로미터~1밀리미터의 전자기파. 눈으로는 볼 수 없고 일반적으로 공기 중에서 잘 산란하지 않으며, 가시광선보다 투과력이 강하다.

국제 사회는 이러한 문제점들을 명확히 인식하고 1997년 일본 교토에서 이산화탄소 방출 감축, 즉 화석 연료 사용 감축을 위한 조치를 약속하는 교토 의정서*를 채택했다. 약속 이행과 더불어 석탄, 석유, 천연 가스의 고갈 시기를 미루려면 에너지 소비 속도를 늦추고 재생 에너지를 중심으로 다른 에너지원의 이용에 관심을 돌려야 한다. 그렇다면 재생 에너지란 무엇이고 어떤 이점을 지니고 있을까?

● ● ● ●

교토 의정서 지구 온난화 문제를 해결하기 위해 온실 가스 배출량을 규제한 의정서. 1992년 6월 리우 유엔 환경 회의에서 채택된 기후 변화 협약을 이행하기 위해 1997년에 만들어진 국가간 이행 협약으로, '교토 기후 협약'이라고도 한다. 지구 환경 파괴의 주범으로 떠오른 이산화탄소를 비롯한 여섯 가지 온실 가스를 규제 대상으로 삼고, 미국과 일본 등 38개국이 1차 의무 이행 대상국으로 이들 나라는 2008~2012년까지 온실 가스 총 배출량을 1990년 수준보다 5.2퍼센트 감축해야 한다. 그러나 자국의 산업 보호를 위해 전 세계 이산화탄소 배출량의 28퍼센트를 차지하는 미국이 탈퇴하는 등 어려움을 겪다가 2005년 2월에야 비로소 발효되었다. 한국은 아직 교토 의정서에 따르는 법적 의무는 부담하고 있지 않으나 멕시코와 더불어 온실 가스 감축 압력을 받고 있다.

3

재생 에너지란
무엇이며, 어떤 장단점이 있을까?

재생 에너지란 무엇인가?

앞에서 말한 재생 에너지에 대한 정의를 다시 떠올려 보자. 재생 에너지란 태양 에너지, 수력, 바이오매스, 풍력, 지열, 수소 에너지 등과 같이 자연계에 존재하는 에너지로서, 아무리 소비하여도 없어지지 않고 무한하게 공급되는 에너지를 말한다. 따라서 재생 에너지는 인간에게 매우 유용한 에너지이다.

재생 에너지는 깨끗하고 고갈될 염려가 없다는 큰 장점을 가지고 있는 반면에 단점 역시 존재한다. 에너지의 밀도가 너무 낮아 현대 사회와 같이 많은 양의 에너지를 필요로 하는 곳에서는 실용성이 현저히 떨어진다는 것이다. 또한 태양 에너지나 풍력 등은 기상 조건의 변화에 영향을 많이 받기 때문에 보조 설비를 갖추어야 하고, 소규모 발전에만 적합하다. 그 밖의 재생 에너지들 역시 아직은 효율성이나 경제성 면에서 해결해야 할 문제점들이 많이 남아 있다.

그렇다면 재생 에너지에는 어떤 것들이 있고, 장단점은 무엇이며, 이들 에너지를 실용화하기 위해 어떤 노력을 하고 있는지 구체적으로 살펴보자.

재생 에너지에는 어떤 것이 있을까?

재생 에너지의 종류는 매우 다양하다. 게다가 나라마다 정하고 있는 재생 에너지의 정의와 범주˚에도 약간의 차이가 있다.

사용 측면에서 보면 재생 에너지는 크게 가열용, 운송 연료용, 전기 공급용으로 나눌 수 있다. 그러나 여기서는 기술과 기원 측면에서 재생 에너지의 종류를 소개할 것이다.

● ● ● ●

재생 에너지의 범주 한국에서는 '신에너지 및 재생 에너지 개발 · 이용 · 보급 촉진법'에서 재생 에너지를 이렇게 규정하고 있다. 신 · 재생 에너지는 지속가능한 에너지 공급 체계를 마련하기 위한 미래 에너지원으로 태양열, 태양광 발전, 바이오매스, 풍력, 소수력, 지열, 해양 에너지, 폐기물 에너지와 같은 8개 분야의 재생 에너지와 연료 전지, 석탄 액화 · 가스화, 수소 에너지와 같은 3개 분야의 신에너지가 있다.

수력

전기가 발명되기 이전에는 제분업, 제사업, 제련업 등 많은 산업 분야에서 물레방아를 돌려 기계를 움직였다. 한 가지 예로 프랑스의 북서부를 흐르는 센 강에는 많은 지류가 있는데, 그 지류의 하나인 라비에브르 강의 경우 한때 20킬로미터 정도에 무려 40여 개의 물레방아가 있었다고 한다.

물레방아는 강물의 운동 에너지를 직접 이용하는 방식이다. 수력 발전소에서도 비슷한 원리를 이용해 전기를 생산한다. 그러나 오늘날에는 이것을 주로 전기를 생산하는 용도로 사용한다. 현재 전 세계적으로 수력 발전소가 원자력 발전소보다 더 많은 양의 전기를 공급한다.

수력 발전소의 원리는 간단하다. 강물이 흐르는 곳에 댐을 만들면 많은 물이 고이고 상류의 수위가 높아진다. 댐의 수문을 열어 물이 빠져나가게 하면 물은 빠른 속도로 흐르면서 터빈˚을 움직이는데, 이 터빈에는 자전거의 다이나모˚처럼 전기

· · · ·

터빈 높은 압력의 유체를 날개바퀴의 날개에 부딪치게 함으로써 회전하는 힘을 얻는 원동기. 사용하는 유체의 종류에 따라 수력 터빈, 증기 터빈, 가스 터빈 등이 있다.

를 생산하는 교류 발전기˚가 연결되어 있다. 저수된 물의 위치 에너지는 운동 에너지로 전환된 후 다목적으로 사용 가능한 에너지, 즉 전기로 바뀐다. 터빈은 주로 댐 바로 아래에 설치하지만 긴 수압관들처럼 때로는 댐으로부터 아주 멀리 떨어진 곳에 설치하기도 한다.

수력을 이용하기 위해서는 저수량이 큰 댐을 만들어야 한다. 우리에게 잘 알려진 대형 수력 발전소들은 발전 용량이 10메가와트에서 수천 메가와트에 이른다. 그러나 이와 같은 대형 발전소를 짓기 위해서는 막대한 비용이 드는 것은 물론 생태계 파괴 등 큰 문제를 일으키기도 한다. 이집트의 아스완 댐과 중국의 산샤 댐이 그 좋은 예이다.

이집트는 나일 강의 계절적인 유량 변동을 조절하여 범람과 가뭄을 막고, 관개에 이용하기 위해 다목적 댐인 아스완 댐을 만들었다. 그러나 곧 나일 강변의 토양이 척박해지는가 하면

• • • •

다이나모 페달을 밟으면 자석이 움직여서 코일에 전기를 발생시켜 자전거 등에 불이 들어오게 하는 장치.
교류 발전기 수력, 화력 등의 에너지를 시간에 따라 전류나 전압의 방향이 주기적으로 변하게 만드는 발전기.

플랑크톤과 그것을 먹이로 하는 고기 떼가 급격히 줄어들고, 해안 침식이 가속화되는 등 주변 생태계에 심각한 변화를 불러왔다. 중국 역시 양쯔 강 상류에 대규모 산샤 댐을 만들어 홍수와 전력 문제를 해결하려고 했다. 그러나 그 과정에서 200여만 명이 터전을 잃고 강제 이주되는 아픔을 맛보았으며 중국 내 생태계 파괴는 물론 인접국에까지 심각한 영향을 미치고 있다.

이에 비해 발전 용량이 10메가와트 미만인 **소형 수력 발전소**는 소규모 설비, 특히 물의 흐름에 따라 만들어져 저수지를 필요로 하지 않는 수로식 발전소를 통해 전기를 생산한다. 강의 유량이 직접 교류 발전기에 연결된 터빈을 작동시키는 것이다. 프랑스에서는 1700개의 이런 소형 발전기가 전기 생산망에 연결되어 있다.

수력 발전에는 조력 발전과 양수 발전이라는 두 가지 주목할 만한 방식도 있다.

먼저 조력 발전은 조수 간만의 차를 이용하여 전기를 생산하는 방식이다. 조수를 저장하기 위한 저수지나 수문을 만드는 데는 고도의 기술력이 필요하다. 프랑스는 1966년에 세계 최초로 랑스 조력 발전소를 세워 전기를 생산하고 있다. 이 발전소의 경우 연간 전기 공급량은 인구 20만 명이 넘는 도시의 전기 소비량과 맞먹는다.

양수 발전은 전력 소비가 적은 시간에 값싼 전기를 이용해 아래쪽 저수지 물을 위쪽 저수지로 끌어올려 전기를 생산하는 방식이다. 반대로 전력 소비가 많을 때는 물을 아래쪽으로 흘려보내서 터빈을 가동해 전기를 생산한다. 양수 발전을 좀 더 효율적으로 하기 위해서는 발전소보다 높은 위치에 많은 물을 저장할 수 있는 저수지를 만들어야 한다. 값싼 잉여 전력을 이용하여 수력 발전의 효율을 높인다는 점에서 양수 발전소의 건설은 세계적인 추세이다.

수력 발전소는 환경 파괴를 최소화하면서 값싼 전기를 생산하는 이점을 지니고 있다. 또한 전력 수요가 많을 때 쉽게 이용할 수 있기 때문에 화석 연료의 소비도 줄일 수 있다. 그러나 댐이 오직 전력 생산에만 사용되는 것은 아니다.

그렇다면 수력 발전을 이용해 다른 어떤 이득을 얻을 수 있

● ● ●

한국의 조력 발전 1970년대에 한국 해양 연구소에서는 충청남도의 가로림만과 천수만을 대상으로 조력 발전 예비 타당성 조사를 실시했다. 그 다음 1980년과 1982년에는 최적 후보지로 선정한 가로림만의 조력 발전 정밀 타당성 조사 및 기본 설계를 프랑스와 공동으로 실시했다. 그 밖에 인천 앞바다나 아산만 등도 조수 간만의 차가 큰 지역이라서 조력 발전에 적합한 곳으로 손꼽힌다.
한국의 양수 발전소 무주, 삼랑진, 청평 등에 양수 발전소가 가동 중이다.

을까? 댐은 강의 유량을 조절하고 수상 스포츠를 즐길 수 있는 장소를 제공하며 농지에 물을 공급할 수 있다. 앞으로는 세계의 많은 댐들이 이러한 시설을 갖추게 될 것이다.

수력 발전은 선진국에서는 이미 포화 상태에 이르렀다고 할 수 있다. 그러나 아프리카, 남아메리카, 아시아에서는 수력 발전소의 건설 비율이 10~20퍼센트에 지나지 않는다.

만약 경제성이 있는 댐 건설 후보지들이 계속해서 개발된다면 거기서 생산한 에너지는 현재 전 세계 전기 생산량의 두 배가 될 것이다.

수력은 진정한 재생 에너지 중 하나이다. 댐은 연중 주기에 따라 운영된다. 홍수나 가뭄 때 적절하게 물을 가두거나 내보내며, 다시 채워진 빗물로 필요한 만큼의 전력을 정기적으로 생산한다.

수력 발전의 원천은 태양이다. 태양빛은 일단 바닷물을 증발시킨다. 그렇게 해서 대기 중에 수증기가 형성되고 이 수증기는 높은 곳에서 찬 공기를 만나 응결하여 비가 되어 땅 위로 떨어져 다시 댐에 모인다. 태양빛이 사라지지 않는 한 이 같은 순환은 언제까지 계속될 것이다.

바이오매스

바이오매스(biomass)는 살아 있는 유기체들이 만들어 낸 산물로 구성된다. 유기체들은 태양빛을 흡수하는 녹색 식물의 광합성 작용으로 생성되기 때문에 그것이 생산하는 에너지 또한 '그린 에너지'라고 부를 수 있다. 결국 이 에너지의 근원도 태양인 것이다.

바이오매스는 이미 세계적으로 사용되는 에너지의 상당량을 공급하고 있다. 일부 나라에서는 숲에서 나는 부산물과 축산 폐기물을 농촌의 유일한 에너지원으로 사용하고 있기도 하다. 그러나 연기 공해가 발생한다는 점에서 위생에 좋지 않고, 열 효율이 4퍼센트 수준으로 낮다는 단점이 있다.

바이오매스는 크게 목재, 폐기물, 에너지 식물로 나뉜다.

목재는 최고의 연료로 바이오매스가 공급하는 1차 에너지 중에서 가장 큰 비중을 차지한다. 열 효율이 매우 낮은데도 전

● ● ● ●

그린 에너지(green energy) 공해 물질을 배출하지 않는 환경 친화적인 에너지로 녹색 에너지, 청정 에너지라고도 하며, 기존 화석 연료나 원자력을 대체한다는 측면에서 대체 에너지로도 불린다. 태양열, 지열, 풍력, 수력, 조력, 파력(波力) 등의 자연 에너지와 수소 에너지, 바이오매스 등이 이에 해당한다. 특히 1999년 교토 의정서에서 온실 가스를 감축하기로 선언한 이래 세계 각국에서 그린 에너지에 대한 관심이 높아지고 있다.

통적으로 목재는 가정용 난방에 주로 이용되었다. 지금은 난방을 위해 목재보다는 열 효율이 높은 난로를 설치하고, 대형 건물 등의 중앙 난방을 위해 현대식 보일러를 설치한다. 난방용으로 이용이 가능한 제재소 폐기물이나 짚 같은 식물성 폐기물도 목재와 같은 범주에 포함된다. 이런 바이오매스는 현재 개발 중인 고온 처리 방법에 의해 액체 연료나 수소를 생산하는 데 큰 도움이 될 것이다.

다음으로 폐기물을 살펴보자. 가정, 가축, 산업 폐기물 등에서는 바이오 가스˚가 발생한다. 쓰레기, 퇴비, 구정물에 있는 유기물은 처리 과정에서 박테리아˚의 공격을 받고 천연 가스인 메탄을 생성한다. 소각장에서 태워지는 폐기물도 있다. 이들 폐기물을 태울 때 발생하는 열을 이용하여 도시의 난방이나 전기를 생산하기도 한다. 또한 사탕수수에서 설탕으로 정제할 부분을 수확하고 남은 대를 석탄과 섞어서 태워 가동하는 발전

● ● ● ●

1차 에너지 원유, 석탄, 천연 가스, 또는 수력이나 원자력처럼 가공하기 이전의 천연 자원 상태에서 공급되는 에너지를 말한다.
바이오 가스(biogas) 미생물 등을 사용해서 생산한 수소, 메탄 등과 같은 가스 상태의 연료를 말한다.
박테리아 박테리아에 대하여 자세히 알고 싶다면 이 시리즈에 속한 『박테리아는 인간의 적인가?』를 참조하라.

소도 있다.

에너지 식물이란 운반하기 간편한 액체 연료를 생산할 수 있는 씨앗이나 뿌리를 대량으로 만들어 내는 식물을 말한다. 유채는 바이오 디젤을, 밀과 사탕무는 에탄올˚을 만들어 낸다. 이것들은 실제로 운송 연료로 제 몫을 하고 있다. 브라질에서는 사탕수수에서 추출한 알코올을 연료로 많이 사용한다. 그러나 현재 이런 연료들은 열 효율이 10~40퍼센트로 매우 낮고 화학 비료, 제초제, 농약 등을 사용해서 재배하기 때문에 환경 오염을 불러오는 문제가 있다.

바이오매스는 재생 에너지일까? 이 점은 논의의 여지가 있다. 바이오매스의 주요 원료인 목재는 아주 오래전부터 건축용, 난방용, 제철용으로 지나치게 많이 사용되어 왔다. 그 결과 모든 대륙에 걸쳐 광활한 삼림 지역이 사라져 버렸다. 베어 낸 나무는 심으면 다시 자라지만 그 나무가 크기까지는 시간이 걸린다.

• • • •

에탄올 무색투명한 휘발성 액체. 특유한 냄새와 맛을 가지며, 인체에 흡수되면 흥분이나 마취 작용을 일으킨다. 화학 약품의 합성 원료, 용제, 연료, 알코올성 음료 따위로 쓴다.

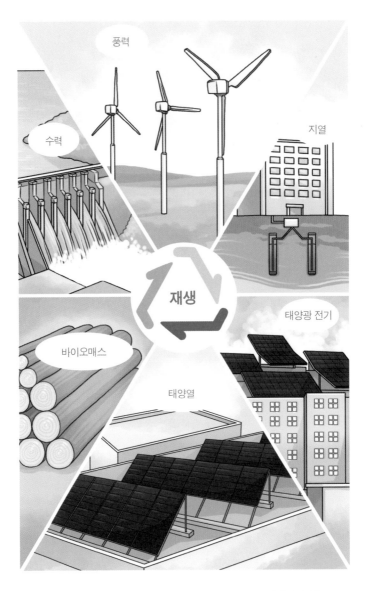

풍력

수력

지열

재생

바이오매스

태양광 전기

태양열

재생 에너지는 효율성이나 경제성 면에서 해결해야 할 문제점들이 남아 있지만
화석 연료를 대체할 수 있는 확실한 에너지원으로 주목을 받고 있다.

따라서 바이오매스는 식물의 생장 속도에 맞춰 연간 생산량을 초과하지 않는 수준에서 이용해야 한다.

바이오매스의 또 다른 문제점은 어떤 형태로 이용하든 이산화탄소가 발생한다는 점이다. 그러나 바이오매스는 광합성 작용에 의해 생겨나고, 이때 광합성 작용은 이산화탄소를 흡수하는 역할을 한다. 장기적으로는 상반되는 듯 보이는 이 두 가지 현상이 서로 균형을 이룰 것이다.

따라서 바이오매스는 매우 다양한 요구에 부응하는 완벽한 에너지라고 할 수 있다. 생산량이 한정되어 있다는 사실만 제외하면 말이다. 전 세계적으로 땅은 대부분 식량 생산을 위해 이용된다. 그런데도 현재로서는 기하급수적으로 늘어나는 인구를 간신히 먹여 살리고 있을 뿐이다.

수확량이 많은 땅은 한정되어 있고 농업 용수도 부족하기 때문에 전 세계의 땅을 모두 경작한다는 것은 불가능하다. 게다가 무분별한 벌목 등으로 인해 많은 농토가 황무지가 되어가고 있다.

하지만 일부 나라에서는 이들 황무지에 에너지 식물을 경작하거나 나무를 심어 자원으로 활용하는 묘안을 짜내고 있다.

태양열

우리는 의식하지 못하는 사이에 태양열 난방을 이용하고 있다. 태양빛을 받아 집 안이 따뜻해진 것을 경험한 적이 있는가? 이것이 바로 태양열 난방이다.

인류는 오래전부터 이런 방식으로 태양열을 이용해 왔으며, 오늘날에는 고품질 친환경 건축을 통해 더 효율적으로 태양열 난방을 활용하고 있다. 이를 수동적 태양열 난방이라고 한다. 또한 태양열 난방은 온수 급탕과 지역 난방에도 사용한다. 이를 능동적 태양열 난방이라고 한다.

능동적 태양열 난방은 몇십 년 전만 해도 기술이 떨어져 이용하는 데 어려움이 있었지만 지금은 고도의 기술이 사용되어 견고한 기구를 손쉽게 설치할 수 있기 때문에 이용에 큰 문제가 없다. 설치 비용이 기존 난방 비용보다 비싸지만 연료 구매 비용을 절약할 수 있어 여러모로 유리하다.

온수를 생산하려면 먼저 태양빛을 모아야 한다. 이 기능은 빛을 더 잘 흡수하기 위해 검은색으로 된 집열판이 맡는다. 단열 처리가 된 집열판은 열을 전달하는 액체와 직접 접촉한다. 가구당 집열판의 면적은 날씨에 따라 차이가 있지만 약 4제곱미터 정도는 돼야 한다.

집열판의 열매체˙는 물에 부동액을 섞은 액체로 먼저 섭씨

70~80도 정도로 데워진 후 열 전달관으로 간다. 열 전달관은 온수 저장 탱크 안에 있는 물을 데우고 그렇게 데워진 물은 각 수도꼭지로 간다.

온수 저장 탱크는 한나절 동안 사용 가능하며 겨울이나 태양빛이 덜 내리쬐는 시기에는 작은 가스 난로 같은 보충 난방 시설을 필요로 한다.

태양열을 이용한 지역 난방 역시 이와 유사한 원리로 작동한다. 커다란 집열판들이 지붕이나 건물 앞면에 부착되어 있고 열매체 용액은 두꺼운 패널 속에 설치된 보일러관 속에서 순환한다. 이것이 집적 태양열판의 원리이다.

태양열 난방에는 냉장고 원리와 반대로 작동하는 **열 펌프**도 이용이 가능하다. 전기 전동기를 사용하여 태양열 난방에서 얻은 저온(섭씨 20도)의 물을 고온(섭씨 35도)으로 분열시켜 난방에 활용하는 것이다. 이것은 매우 경제적이다.

● ● ●

열매체 난방 장치에서 일정한 온도를 유지하기 위하여 가열하거나 냉각할 때 사용하는 유체로 물, 수은 등이 있다.
열 펌프 낮은 온도의 물체에서 높은 온도의 물체로 열량을 운반하는 장치. 낮은 온도의 물체에서 열을 흡수하는 냉동기와는 달리 높은 온도의 물체에 열을 가하는 장치를 말한다.

프랑스의 재생 에너지 공급 현황

(단위 : 1000석유환산톤)

본토 + 해외주	생산된 전기	생산된 열	전기 + 열	비율(%)
수력 전기	6,886	0	6,886	39.0
목재 및 폐기물	109	8,809	8,918	50.49
농업·산업·도시 지역 폐기물과 바이오 가스	262	864	1,126	6.4
에너지 식물로 만들어진 바이오 연료	0	327	327	1.9
태양열 난방	0	25	25	0.1
태양광 전기	1	0	1	0.01
풍력 에너지	12	0	12	0.1
지열 열 펌프	2	374	376	2.0
합계	7,272	10,399	17,671	100

(출처 : 프랑스 경제 재정 산업부 에너지 산업청, 2001년)

● ● ●

한국의 재생 에너지 공급 현황

(단위 : 1000석유환산톤)

구 분		폐기물	바이오매스	소수력	태양열	풍력	태양광	지열	합계
2002년	공급량	2,732.5	116.8	27.7	34.8	3.7	1.7	0.1	2,917.3
	비율(%)	93.6	4.0	1.0	1.2	0.1	0.1	0.0	100.0
2003년	공급량	3,039.3	131.1	46.9	32.9	5.2	1.9	0.4	3,257.7
	비율(%)	93.3	4.0	1.4	1.0	0.2	0.1	0.0	100

(출처 : 한국 에너지 관리 공단 신·재생 에너지 센터)

스웨덴에서는 오래전부터 태양열을 이용해서 대규모 주택 단지에 난방열이나 온수열을 공급해 왔고, 독일에서는 새로 짓는 주택들의 남향 지붕을 집열판으로 덮이도록 설계하고 있다.

태양광 전기

풍부한 태양빛으로부터 직접 전기를 생산한다는 것은 매우 멋진 일이다. 그것은 지금으로부터 100년 전만 해도 꿈도 꾸지 못했던 것으로 유일하게 최근에 나타난 재생 에너지이다.

태양광 전지의 작동 원리를 이해하려면 무수한 에너지 입자, 즉 광자들로 이루어진 빛에서 출발해야 한다. 반도체로 만들어진 태양광 전지에 광자가 투입되면 전자의 이동이 일어나서 전류가 흐르고 전기가 발생한다. 이렇게 해서 잠재적인 전기를 얻는 것이다. 반도체는 전자 부품들이 대부분 그렇듯이 규소로 되어 있다.

현재 태양광 전지는 수명이 길고 에너지 효율이 약 15퍼센트 정도로 높다. 1제곱미터의 태양 전지판은 약 100와트의 전력을 공급한다. 주택 하나에 전기를 공급하려면 약 30제곱미터의 태양 전지판이 필요한데 이것은 지붕 면적과 비슷하다.

그러나 이런 정도로는 현대 사회에서 대량으로 필요로 하는 전기를 충당하지 못할 것이다. 게다가 태양빛이 강렬한 낮 시간에만 전기를 생산할 수 있기 때문에 하루 24시간 내내 전기를 공급하지 못한다는 약점도 있다.

태양광 전기는 두 가지 방식으로 사용할 수 있다.

첫째, 태양광 전기를 일반 전기 공급망에 연결한 뒤 가장 소비량이 많은 낮 시간에 전기를 공급하는 것이다.

둘째, 전기를 저장해 두었다가 필요할 때 흘려보내는 것이다. 낮에 생산된 전기의 일부를 저장했다가 밤에 공급하는 식으로 말이다. 위성 지상 수신국, 유무선 통신 기지국, 산 속 대피소 등 외딴 장소의 경우, 비용이 많이 들고 무거운 태양 전지판과 축전 장치가 반드시 필요한 난점이 있지만 긴 전기선을 설치하는 것보다는 태양광 전기를 이용하는 것이 여러모로 이익이다. 전기 공급망이 제대로 가설되어 있지 않은 시골에서도 태양광 전기를 이용해 라디오와 냉장고를 가동하고 불을 켜며 물을 끌어올리는 것이 가능하다.

이렇듯 태양광 전기는 활용도가 높은 에너지원이지만 설치 비용이 많이 들고 설치에 필요한 규소의 양이 만만치 않다는 것이 커다란 단점으로 남아 있다. 이런 단점들을 극복하기 위해 현재 연구가 진행 중이다. 규소는 약 100마이크로미터˚ 두께의 얇은 전지를 사용함으로써 그 양을 현저하게 줄일 수 있다.

원자력 전기보다 무려 다섯 배나 원가가 높지만 기술 발전에 따라 점차 그 비용이 낮아지고 있다. 가격이 하락하면 곧 열대 지역에 냉방 기기 시장이 생길 것이다. 또 이미 우주에 대형 태양열 광전지판을 보내서 전자파 복사 형식으로 지구에 에너지를 보내는 것을 구상하고 있다.

풍력

바다를 항해하거나 풍차를 이용해서 기구를 작동하는 등 인간이 바람을 에너지원으로 사용하기 시작한 것은 수천 년 전부터이다. 풍력 발전기는 현대식 풍차로서 전기를 생산하는데, 온갖 언론의 각광을 받고 있다. 그 이유는 무엇일까? 또 앞으로도 이런 지지가 계속될 수 있을까?

거대한 에너지인 바람은 공기 덩어리들이 태양빛에 의해 따뜻해지는 정도가 각기 다르기 때문에 생긴다. 그러므로 바람을 일으키는 것은 결국 태양빛이다.

● ● ●

마이크로미터 1미터의 100만분의 1에 해당하는 길이로 주로 음향이나 전기의 파장, 분자와 분자 사이의 거리, 미생물의 크기 등을 측정하는 데 사용된다. 기호는 μm이다.

풍력 발전기는 일반적으로 세 개의 날개로 이루어진 회전자가 부착된 철탑이나 하얀 기둥으로 되어 있다. 날개는 바람에 의해 돌아가며 그 속도는 바람이 세게 불수록 빨라진다. 회전자가 돌아가면서 발전기를 작동시켜 전기를 생산한다.

풍력 발전기의 전력량, 즉 초당 생산된 전기 에너지의 양은 회전기의 속도에 비례한다. 회전기의 속도는 날개의 크기와 바람의 속도에 따라 결정된다. 강한 전력을 얻기 위해서는 날개의 크기를 키우고 빠른 속도로 돌아갈 수 있도록 바람에 대한 저항력을 높여야 한다. 날개의 형태와 저항력에 관한 연구가 진전을 이루면서 풍력 발전기당 1메가와트 이상의 전력을 생산할 수 있게 되었다. 일반적으로 풍력 발전 단지에서는 대략 10메가와트 정도의 전력이 생산된다.

미국은 1980년대 캘리포니아 주에 대규모 풍력 발전 단지를 세워 전 세계의 풍력 발전을 선도했으나, 1990년대에 들어 독일과 덴마크에 그 주도권을 내주었다. 프랑스에서는 흰 새 같은 풍력 발전기가 몇몇 바람이 많은 지역에 설치되기 시작했다. 또 네덜란드, 스페인 등에서도 풍력 발전기의 설치를 서두르고 있다.

풍력 발전기는 바다에도 설치가 가능한데 이것을 해양 풍력 발전기라고 부른다. 바다에 세우는 것은 육지에 세우는 것보다

규모도 크고 비용도 많이 들며 외관상 보기가 좋다 나쁘다는 논쟁을 일으키기도 한다. 풍력 발전기는 눈에 잘 띄는 장소에 설치하기 때문에 외관이 그대로 드러나 보이는 것이다. 그러나 이 때문에 주변 경치를 망친다는 것은 다소 과장이다. 소음은 약간 있겠지만 대기 오염이 전혀 없고 완벽하게 재생 가능한 에너지를 공급해 주는 이점에 비해서는 문제가 되지 않는다.

하지만 풍력 발전은 전력 생산이 규칙적이지 못하다는 단점이 있다. 바람의 세기는 변동이 크고 바람의 방향 또한 일정하지 않다. 아이디어가 언제 어디에서 떠오를지 모르는 것처럼 바람이 언제 어느 방향으로 불지 예상하기 어렵다. 따라서 바람이 불면 강한 전력을 생산할 수 있지만, 바람이 멎으면 당장 한 시간 뒤 생산되는 전력량이 급감할 수 있다. 그런데 전기 수요는 바람에 의해 올라갔다 내려갔다 하지는 않는다.

어떻게 풍력 발전에서 전력량의 변동과 전기 수요를 조화시킬 수 있을까? 두 가지 해결책이 있다.

첫째, 풍력 발전기의 수를 늘리면 된다. 풍력 발전기 한 대가 전기 공급망에 연결되면 전력량의 변동이 전기 공급망에 거의 영향을 미치지 못할 것이다. 반대로 규모가 큰 풍력 발전소의 경우 전력량의 변동은 전기 공급망에 혼란을 초래할 수 있고 바람이 멎으면 필요한 만큼의 전력을 다른 전기 발전소(수력 또는 가스)에서 보충해야 한다. 이것은 같은 양의 전기를 얻기 위해 설비 투자를 늘려야 한다는 말이다. 서로 연결된 거대한 전기 공급망 내부에서는 한쪽에 모자라는 바람을 다른 쪽에서 부는 바람으로 상쇄할 수도 있는 것이다.

둘째, 생산한 전기를 저장하는 것이다. 고립된 장소에 위치한 풍력 발전소에서는 지역의 전력 수요에 적절하게 대처하기 위해 전기를 저장한다. 저장 기술은 계속해서 발전하고 있다. 그렇게 생산한 전기 역시 위에서 설명한 것처럼 펌프장을 가동하는 데 사용할 수 있다.

수소 또한 하나의 해결책이다. 풍력 발전으로 생산한 전기를 저장이 가능한 연료, 즉 수소를 생산하는 데 사용하는 것이다.

결론적으로 풍력 발전으로 생산한 전기는 두 가지 방식으로 이용이 가능하다.

특히 화석 연료의 의존도가 높은 나라에서는 전기 공급망의 보완 수단으로 사용할 수 있다. 주로 원자력으로 전기를 생산하는 프랑스보다 독일과 덴마크가 풍력 발전에 더 관심을 보이는 것은 그들 나라의 화석 연료 의존도가 그만큼 높다는 의미이기도 하다. 다른 하나는 태양광 전지처럼 고립된 지역에 전기를 공급하는 데 이용할 수 있다.

지열

지구 내부로 들어갈수록 온도가 점점 높아져서 지하 40킬로미터만 해도 섭씨 1000도에 달한다. 따라서 지구 중심부에는 상상할 수 없을 정도의 엄청난 열이 축적되어 있을 것이다. 우리는 이 열을 부분적이나마 회수할 수 있다.

지열은 이미 널리 사용되었던 재생 에너지의 근원이다. 로마 시대에는 지열을 이용해 온천물을 얻기도 했다. 대부분의 지열은 화산 활동이 활발한 지역에서 효율이 높다. 이 지역에서는 지하로 내려갈수록 온도가 다른 곳보다 빠른 속도로 높아지기 때문이다.

실제로 지열의 사용은 다음과 같은 몇 가지 방식으로 이루어진다.

첫째, 어떤 화산 지대에서는 섭씨 150~300도에 이르는 아주 뜨거운 물을 쉽게 얻을 수 있으며, 그 물로 직접 전기 터빈을 돌리는 것도 가능하다. 이탈리아와 뉴질랜드 등에서는 이와 같은 방식으로 발전소들을 가동하고 있다. 그리고 인도네시아와 필리핀 등은 잠재적으로 이런 방식의 발전 가능성이 매우 높은 나라들이다.

둘째, 섭씨 50~80도 정도의 물은 더 많은 지역에서 얻을 수 있다. 이 물을 이용하여 열 공급망을 통해 주택이나 사무실 등에 난방을 공급할 수 있으며, 프랑스에서는 이미 많은 가구가 혜택을 입고 있다.

셋째, 그보다 온도가 더 낮은 섭씨 20~30도의 물은 열 펌프로 데우면 난방용으로 사용이 가능하다. 이런 물은 지하 100미터 지점에 위치하며 보다 많은 지역에서 발견된다.

넷째, 알자스에서는 프랑스와 독일이 공동으로 대수층*이 없는 곳에 위치한 뜨거운 암반으로부터 온수를 얻는 신기술을 개발하고 있다. 지하 5000미터 깊이에 있는 두꺼운 암반에 폭발물을 이용해 균열을 낸 후 파이프로 찬물을 투입하면 암반의 균열을 따라 데워지면서 흘러내려 거기에서 400미터 떨어져 있는 두 개의 집수기에 모인다. 그렇게 해서 섭씨 140도의 물이 생기고 이것으로 전기 터빈을 가동한다. 이 공동 연구의 결과는 2010년에 발표될 것이다.

지열은 시간에 관계없이 언제나 일정하다는 장점이 있다. 이것은 재생 에너지로서 매우 중요한 장점이다. 그러나 개발에 따른 문제점 역시 간과할 수 없다.

● ● ●

대수층 지하수가 있는 지층. 물이 포화 상태에 있으므로 많은 양의 물을 얻을 수 있다.

먼저 개발 가능한 지역이 균일하게 분포되어 있지 않다는 점이다. 따라서 개발 가능한 지역을 최대한 잘 이용해야 한다.

다음으로 시추를 통해 지열 에너지를 찾는 일은 비용이 많이 들기 때문에 쉽게 시도하기 어렵다. 더불어 지하수는 미네랄 성분이 많아서 기계의 부식 작용이 빨리 일어나기 때문에 추가 비용이 계속 들어간다는 단점이 있다. 물론 부식으로 생기는 문제는 기술적으로 거의 해결되었다.

수소 에너지

수소는 양이 풍부하고 오염 물질을 생산하지 않는 청정 에너지원이다. 수소는 공기 중에서 연소할 때 물만 생성하기 때문에 화석 연료가 연소할 때 발생하는 이산화탄소로 인한 지구 온난화를 완화할 수 있다. 이 때문에 수소가 미래의 에너지로 각광을 받고 있는 것이다.

수소는 수소 원자 두 개가 모여서 이루어진 형태의 기체로 산소와 반응하여 물을 생성한다.

$$2H_2 + O_2 = 2H_2O$$

이 반응은 강한 열을 방출하면서 폭발 현상을 수반할 때도 있지만 연료 전지 내부에서 이 열을 이용하여 전기를 생산하면서 조용히 일어날 수 있다.

연료 전지는 연료의 산화[*] 과정에서 발생하는 화학 에너지를 열로 바꾸지 않고 직접 전기 에너지로 변환하는 전지를 말한다.

보통 전지에서 일어나는 반응은 아연 같은 금속의 전자가 산화망간이나 납의 염으로 이동하면서 생긴다. 연료 전지는 닫힌 계 내에 축적된 화학 물질의 반응으로부터 얻는 에너지를 이용하는 보통 전지와는 달리 연료인 수소가 공급되는 한 계속해서 전기와 열이 생산된다. 즉 산소가 연료인 수소와 만나 반응하는 것이다.

연료 전지가 발명된 지 100여 년이 지나면서 기술도 놀라울 정도로 발전했다. 앞에서 밝혔듯이 수소가 연료로 이용되는 것은 오염 물질을 전혀 배출하지 않기 때문에 매우 근사한 일이다. 문제는 자연계에 존재하는 수소의 양이 많지 않기 때문에 인위적으로 수소를 만들어야 한다는 점이다.

이런 점에서 수소 자체만 놓고 본다면 순수하게 재생 가능

● ● ●

산화 어떤 원자, 분자, 이온 등이 전자를 잃거나 어떤 물질이 산소와 결합하거나 수소를 잃는 것을 말한다. 불에 타거나 녹이 슬거나 알코올이 알데히드로 변하는 반응을 이른다.

한 에너지라고 할 수 없다. 수소를 에너지원으로 사용하기 위해서는 또 다른 에너지원이 필요하기 때문이다.

수소는 물의 **전기 분해**, 즉 순수한 물에 전기 반응을 일으켜서 얻으며, 천연 가스나 석탄 등 다른 연료의 **개질** 반응으로 얻을 수도 있다.

물의 전기 분해는 반응을 일으킬 때 필요한 전기가 값비싼 에너지인 데다 전기 분해 자체의 에너지 성능도 매우 낮아서 에너지가 많이 필요하다. 개질 역시 한계가 있다. 개질 반응 시 이산화탄소가 발생하고, 이용되는 화석 연료의 매장량이 한정되어 있는 것이다. 요즘은 바이오매스의 개질을 통해 수소를 생산하는 연구가 주목을 받고 있다. 해초나 광합성 박테리아로부터 수소를 생산하는 방법도 연구 중이다. 그러나 이러한 연구는 아직 걸음마 단계이다.

미국은 수소 에너지의 개발에 적극 매달리고 있다. 부시 행정부 출범 이후 '수소 경제로의 이행을 위한 국가 비전'을 제

• • • •

개질(reforming) 열이나 촉매의 작용에 의하여 탄화수소의 구조를 바꾸어 휘발유의 품질을 높이는 조작. 석유 정제 공정의 하나로 옥탄값이 낮은 휘발유의 내폭성(耐爆性)을 높이는 것을 뜻한다.

시했고,＊ 연료 전지차를 포함한 자동차 관련 프로젝트를 정부 차원에서 지원하고 있다.

일본은 연료 전지의 산업화를 위해 차량용을 비롯해 가정용, 건물용 연료 전지 개발에 주력하고 있다. 독일은 정부가 수소 및 연료 전지 개발에 막대한 투자를 할 뿐만 아니라 세계적 자동차 회사인 메르세데스벤츠가 수소 연료 자동차를 개발하여 시운전에 성공했다.

그렇다면 수소 에너지의 미래는 어떨까? 수소 연료 전지는 에너지 효율이 높고 오염 가스 발생 가능성이 낮으며 소음이 거의 없다. 현재 수소 에너지의 이용에 대한 연구는 중앙 집중식 방법을 탈피해서 운송 차량, 소규모 산업, 주택 등 다양한 분야에서 분산 진행되고 있다.

그러나 수소의 저장 방식, 수명, 연료 전지 비용 등 개선해야 할 부분이 많이 남아 있다. 이러한 기술이 더욱 발전해야 수소가 에너지로서 효용 가치가 있게 될 것이다. 수소 생산 비용

● ● ● ●

미국의 수소 에너지 정책 조지 부시 미국 대통령은 2003년 1월 국정 연설에서 "수소 연료 전지는 우리 시대의 가장 유망하고 혁신적인 기술을 대표할 것"이라며 수소 에너지 개발에 120억 달러를 투자하겠다고 발표했다.

역시 감소되어야 할 요소이다. 그러기 위해서는 열 핵융합[*]에 의해 저비용, 무공해로 전기를 생산할 때까지 기다려야 할지도 모른다.

수소는 다른 재생 에너지들과 결합해야 대체 에너지[*] 대열에 낄 수 있기 때문에 관련 기술 개발을 위한 인프라가 먼저 구축되어야 할 것이다.

● ● ● ●

열 핵융합 열 평형 상태에 있는 원자핵 집단의 내부에서 일어나는 핵 반응.
대체 에너지 기존의 에너지를 대신할 새로운 에너지로 흔히 석유를 대신할 에너지인 석탄, 원자력, 태양열 등을 말한다.

4

왜 재생 에너지를
선택할 수밖에 없는가?

재생 에너지의 잠재력은 무엇인가?

현재 재생 에너지는 목재 연료와 수력 발전소 덕분에 인류 에너지 수요의 12퍼센트를 차지하기에 이르렀다. 많은 전문가들과 정책 입안자들은 환경 피해를 최소화하면서 점점 늘어나는 에너지 수요에 대처하기 위해서 재생 에너지 개발에 더욱 힘을 쏟아야 한다는 데 의견을 같이하고 있다. 2050년에는 전 세계적으로 재생 에너지가 에너지 수요의 40퍼센트를 감당할 것이라는 낙관적인 전망도 있다. 이것은 재생 에너지의 사용을 높이기 위한 노력뿐만 아니라 '에너지 통제 기술', 즉 에너지를 절약함과 동시에 최대한 잘 사용하는 노력도 필요함을 뜻한다.

앞에서 우리는 재생 에너지에 대해 간략하게 살펴보았다. 재생 에너지는 지리적 분포나 산업 발전의 정도뿐만 아니라 기술적인 면에서 다양성을 보여 주고 있다. 따라서 재생 에너지를 하나의 정책으로 통합하려면 각 재생 에너지의 잠재력을 면밀히 조사하고 국가별, 지역별로 화석 연료, 원자력 등 자원의 효율성과 에너지 절약 가능성을 최대한 높이는 방법을 강구해야 할 것이다. 이때 에너지 자급자족률, 소비를 위한 적절한 비축량과 비용, 환경 피해 등을 고려해야 한다.

재생 에너지의 특징은 무엇인가?

앞에서 살펴본 내용을 바탕으로 재생 에너지의 특징을 다음과 같이 정리할 수 있다.

첫째, 재생 에너지는 다른 에너지원에 비해 환경 오염의 가능성이 적다.

둘째, 재생 에너지는 자급자족이 가능하다. 에너지는 우리의 일상 생활에 필수적이기 때문에 식품의 자급자족만큼이나 에너지의 자급자족은 매우 중요하다. 나라마다 실제적이든 잠재적이든 조절 가능하고 고갈 우려가 없는 고유의 재생 에너지가 매장되어 있다. 이는 장기적인 관점에서 볼 때 모든 나라가 에너지를 자급자족할 수 있음을 의미한다.

셋째, 전기나 가스, 휘발유를 분배하는 에너지 공급망이 없거나 공급망 건설에 막대한 비용이 드는 곳이라도 재생 에너지는 이용이 가능하다. 이는 수많은 국가들에서 재생 에너지를 개발하려는 강력한 동기를 불러일으킨다.

넷째, 재생 에너지는 미래의 주요 문제들 가운데 하나가 될 운송 문제를 해결하는 데도 크게 기여할 것이다. 현재 석유 정유 제품이 주로 운송 수단을 움직이는 에너지원으로 이용되고 있는데 연료의 수요가 점점 늘어나고 대중 교통이 지금보다 더 발달한다고 해도 상황은 크게 변하지 않을 것이다. 이와 관련하여 재생 에너지의 주요 관건은 광합성의 효율을 개선해서 풍부한 양의 바이오매스를 생산하고, 액체 연료나 수소 연료로 효율적으로 변형하는 기술을 개발하는 것이다.

다섯째, 재생 에너지가 무절제하고 빠른 속도로 진행되고 있는 도시화에 적절하게 대처할 수 있느냐는 문제는 논란거리이다. 도시화로 인해 에너지 수요가 폭발적으로 증가함에 따라 에너지 사용의 불균형이 나타나고 있다. 여기저기에서 소량으로 생산되는 재생 에너지가 과연 운송, 난방, 공업 단지, 대도시 전기 등의 대량 수요를 감당할 수 있을까?

여섯째, 재생 에너지는 경제적이다. 일반적으로 소비자의 입장에서는 대개 재생 에너지가 일반 에너지보다 가격이 비싸다. 그러나 다른 에너지의 가격, 특히 화석 연료가 환경을 위해 지불해야 하는 비용과 기술 발전 및 규모의 경제에 따른 재생 에너지 생산 비용의 절감을 감안하면 어떤 것을 선택해야 하는지 결과는 자명하다.

미래를 위한 우리의 선택은?

에너지를 잘 이용하는 것, 재생 에너지의 사용을 늘리는 것은 우리 모두가 실천해야 할 일이다. 각자 전기를 절약하고, 자동차를 자전거나 도보로 대체하며, 집을 소유한 사람이라면 단열에 힘쓰고 땔감이나 태양열 난방을 최대한 이용한다면 에너지 소비량을 줄일 수 있을 것이다.

지리적 조건에 맞는 재생 에너지를 개발하는 것은 국가의 몫이다. 국가는 환경 비용을 상쇄하기 위한 세금 부과, 기술 연구와 산업 혁신 지원, 기술자 양성, 국토 재정비, 온실 가스의 배출 규제,° 에너지 소비 표준 마련 등 다양한 정책을 수립할수 있을 것이다. 그러나 이 모든 요건을 갖추기에는 비용이 많이 든다. 따라서 국가별로 가장 큰 잠재력을 지닌 재생 에너지의 개발을 우선 고려할 필요가 있다.

재생 에너지

지구의 미래를 위해서는 우리가 보유한 재생 에너지들을 어떻게 하면
더 효율적으로 이용할 수 있는지 그 방법을 모색해 봐야 한다.

관점에 따라 다를 수 있지만 필자는 비용과 효율성 면에서 재생 에너지 가운데 다음 세 가지 에너지를 먼저 이용할 것을 제안해 보겠다.

첫째, 목재 에너지이다. 효율이 즉시 나타난다는 장점이 있고 잘 이용하지 않는 땅의 면적이 넓다는 점을 감안하면 쉽게 활용할 수 있는 에너지이다.

둘째, 태양열 난방이다. 모든 개인 주택에는 꼭 필요한 에너지가 될 것이고 일부는 대규모 이용도 가능할 것이다.

셋째, 핵융합 전기이다. 선진국은 물론 개발도상국 등 거의 모든 나라의 수요에 부응할 수 있는 에너지이다.

인류는 21세기가 끝나기 전에 태양에서 일어나는 반응들을 거대한 기계에서 재현하는 **제어된 열 핵융합**이라는 신재생 에너지를 보유할 것이다. 열 핵융합이란 수소의 두 동위 원소인 삼중 수소와 중수소가 결합해서 헬륨을 생성하는 과정에서 질

● ● ● ●

온실 가스 배출권 거래 제도 교토 의정서의 핵심 제도로서 온실 가스 배출을 억제하기 위해 만든 제도이다. 각 나라별로 온실 가스 배출 허용량이 다른데, 허용량보다 적은 온실 가스를 배출하는 나라의 기업들은 그만큼 온실 가스 배출권을 팔수 있고 그 반대의 경우는 사야 한다. 만약 허용량보다 많은 온실 가스를 배출하면 톤당 40유로를 내야 한다.

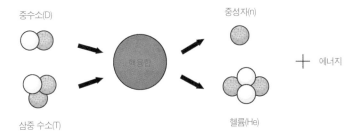

중수소(D)

삼중 수소(T)

해융합

중성자(n)

헬륨(He)

+ 에너지

열 핵융합 과정

량의 손실과 함께 강한 에너지가 방출되는 것을 말한다. 이 반응은 섭씨 1억 5000도의 온도를 견딜 수 있는 용기 등의 존재를 전제로 한다. 이 문제만 해결되면 우리는 고갈되지 않는 무공해 에너지를 대량으로 얻을 수 있다. 실제로 1980년대 후반부터 국제 원자력 기구(IAEA)의 지원으로 미국, 유럽 연합, 일본, 러시아 등이 공동으로 국제 열 핵융합 실험로 연구를 진행하는 등 활발하게 움직이고 있다.

우리는 현재 양은 풍부하지만 시간에 따라 변화하며 공간에 흩어져 있는 태양 에너지를 일부 이용할 수 있다. 그리고 머지않아 열 핵융합으로 에너지 수요의 대부분을 지속적으로 충당할 수 있는 재생 에너지를 보유할 것이다. 그러나 성급하게 김

칫국부터 마셔서는 안 된다. 우리가 보유한 재생 에너지들을
어떻게 하면 더 효율적으로 이용할 수 있는지 그 방법을 먼저
모색해 봐야 할 것이다.

더 읽어 볼 책들

- 강형일 외, 『환경, 인류 그리고 지속가능한 사회』(월드사이언스, 2005).

- 김종성 외, 『지속가능발전을 위한 청정생산기술』(나남출판, 2004).

- 수소에너지사업단, 『알기 쉬운 수소에너지』(한국에너지기술원, 2005).

- 신병식, 『인간과 자연』(동명사, 2001).

- 이필렬, 『다시 태양의 시대로』(양문, 2004).

- 이필렬, 『석유시대 언제까지 갈 것인가』(녹색평론사, 2002).

- 이필렬, 『에너지 전환의 현장을 찾아서』(궁리, 2001).

- 임장순 외, 『에너지 변환』(오토테크, 2000).

- 정용희, 『에너지와 생활』(청문각, 2001).

- 최기련 외, 『지속가능한 미래를 여는 에너지와 환경』(김영사, 2002).

- 나카무라 오사무, 전운성 옮김, 『경제학은 왜 자연의 무한함을 전제로 했는가』(한울, 2000).

- 폴 로버츠, 송신화 옮김, 『석유의 종말』(서해문집, 2004).

- 피터 호프만, 강호산 옮김, 『에코 에너지』(생각의나무, 2003).

논술·구술 시험은 논리적이고 종합적인 사고를 요구한다. 다음에 제시된 문제는 이 책의 주제와 연관이 있는 논술·구술 기출 문제이다. 이 책을 통하여 습득한 과학적 지식과 원리, 입체적이고 논리적인 접근 방식을 활용하여 스스로 문제에 답해 보자.

▶ 수소 기체는 현재 사용하는 화석 연료를 대체할 수 있는 에너지원으로 주목을 받고 있다. 수소 기체를 생산할 수 있는 생명 공학 및 화학적 방법을 각각 제시하고, 각 방법의 장단점을 구체적으로 논술하시오.

▶ 1990년대에 들어서며 대부분의 국가가 추구하고 있는 "지속 가능한 발전"은 무엇을 의미하는가?

▶ 연료의 종류에 대해 설명하시오.

▶ 대체 에너지에 대하여 설명해 보시오.

▶ 환경 문제를 해결할 수 있는 방안을 제시해 보라.

옮긴이 | 이수지

숙명여대 불문과 재학 중 프랑스로 유학, 파리 5대학에서 언어학 박사 과정을 수료했다. 현재 전문 번역가로 활동 중이다.

민음 바칼로레아 22

재생 에너지란 무엇인가?

2판 1쇄 펴냄 2021년 3월 30일
2판 5쇄 펴냄 2024년 8월 8일

1판 1쇄 펴냄 2006년 3월 14일
1판 2쇄 펴냄 2006년 5월 18일

지은이 | 폴 마티스
감수자 | 이필렬
옮긴이 | 이수지
발행인 | 박근섭
펴낸곳 | ㈜민음인

출판등록 | 2009. 10. 8 (제2009-000273호)
주소 | 06027 서울 강남구 도산대로 1길 62 강남출판문화센터 5층
전화 | 영업부 515-2000 편집부 3446-8774 **팩시밀리** 515-2007
홈페이지 | minumin.minumsa.com

도서 파본 등의 이유로 반송이 필요한 경우에는 구매처에서 교환하시고
출판사 교환이 필요한 경우에는 아래 주소로 반송 사유를 적어 도서와 함께 보내주세요.
06027 서울 강남구 도산대로 1길 62 강남출판문화센터 6층 민음인 마케팅부

한국어판 © (주)민음인, 2006. Printed in Seoul, Korea
ISBN 979 11-5888-784-1 04000
ISBN 979 11-5888-823-7 04000(set)

㈜민음인은 민음사 출판 그룹의 자회사입니다.